DICAS DE ONLYFANS PARA INICIANTES

por Gween Black

A BUSCA POR MAIS

GweenBlack é uma camgirl, atriz e pintora que viu uma oportunidade em sites internacionais num mundo globalizado. Em 2013, Gween largou a carreira de contadora e advogada por algo a mais. O trabalho no entretenimento adulto lhe deu uma forma de alcançar sua independência financeira.

Desde 2014 foi top 100 no site MyFreeCams por 5 vezes, e top 500 por 4 anos consecutivos. Com a queda de tráfego e usuários nos ultimos anos, migrou para outras plataformas, sendo a mais nova o site OnlyFans, onde agora já se encontra no Top 3% de todas as modelos.

Enquanto para se fazer camming se precisa de internet, uma webcam e um laptop, para conseguir dinheiro no OnlyFans é necessário apenas um celular com camera conectado à Internet – tendo se tornado uma ótima plataforma para mães, pessoas sem moradia fixa e todas podem ter as mesmas oportunidades que uma top model.

Nesse livro, você irá aprender a otimizar seus ganhos nessa plataforma, como alcançar um público maior e lucrar com seus nudes.

O QUE É O ONLYFANS?

OnlyFans é novo queridinho dos Sex Workers. O site oferece 80% de pagamento, sendo que na maioria dos sites sempre ficam entre 50-65%. Por esse motivo e pela praticidade de acesso direto pelo celular, ele é a plataforma que mais cresce no meio adulto.

Você pode divulgar seus sites, sejam eles de camming ou de venda de vídeos. Assim como suas outras redes sociais. Sempre que possível aceite os pagamentos e tips pela própria plataforma, pois enviar os usuários para outras formas de pagamento vai contra as políticas e termos do site.

No OnlyFans é proíbido vender conteúdos do quais você não possui os direitos autorais ou de uso de imagem. Se você postar conteúdo com outras pessoas, se prepare para mostrar os formulários de autorização de uso imagem delas e um formulário 2447 de model release.

Também não é permitido marcar encontros, vender sessões pessoalmente ou discutir endereços.

Não é permitido vender merchandising e nisso contam itens usados seus, como calcinhas e meias. Embora você vá ver muitas pessoas fazendo, não é incomum contas serem trancadas e terem seus fundos devolvidos ao cliente por esse motivo.

Alguns temas de vídeos e fotos também não são permitidos, como urina, scat e fingir ser menor de idade.

COMO EU FAÇO PARA SER APROVADA?

Vá em **gweenblack.com/criarOF** . Ao fazer sua conta no OnlyFans, tudo que a plataforma pede é seu twitter para login ou um e-mail. Dê preferencia para um e-mail que você já utilize para o trabalho em outros sites, se você não tem ainda, considere criar o quanto antes! Separar sua vida pessoal da vida de trabalho é EXTREMAMENTE SAUDÁVEL para não confundir sua persona da pessoa que você realmente é.

Ao se cadastrar na plataforma, clique na opção BANK (to earn) e envie seus documentos. RG quase nunca são aprovados em sites internacionais por não ser um documento nos padrões exigidos. O motivo disso é que os dados ficam na parte de trás da foto e o formato internacional é a foto ao lado das informações. De preferência para usar a CNH ou passaporte.

O sistema pedirá que você envie 2 fotos, uma do documento e uma de você segurando-o ao lado do rosto. Ambas devem estar em boa qualidade e legíveis. Não use scanner. Os sites não aceitam documentos scaneados por segurança, já que os dados assim ficam mais fácil de serem editados.

FUI RECUSADA, E AGORA?

Calma! Eles podem terem rejeitado por vários motivos diferentes. A foto pode estar tremida, seu banner pode ter nudez ou informações para outro site, sua foto do perfil pode conter nudez ou apenas um problema no sistema.

O melhor jeito de saber o que aconteceu de errado é entrando em contato com o suporte. Assim um humano revisará sua conta e te dirá o motivo da rejeição. Na maioria das vezes eles pedirão para você reenviar as fotos ou modificar alguma imagem ou informação e em 24 horas será aceito.

PRIMEIROS PASSOS

Com sua conta aprovada, complete o perfil com os dados sobre sua forma preferida de receber pagamentos. Pesquise sobre os métodos de pagamentos aceitos e qual funcionará melhor para você.

Após colocar seu BANK DETAILS, o próximo passo é colocar um valor de assinatura para sua página e pelo menos 10 posts, assim quem assinar já terá conteúdo para visualizar no primeiro momento.

O topo do seu perfil sempre mostrará quantas fotos você tem publicadas, vídeos e likes recebidos. Você pode optar por mostrar ou não o número de fans.

Ao mostrar o número de fans, as pessoas sabem quantas pessoas estão na sua página e podem ficar tentadas a acessar pelo FOMO (fear of missing out). Percebi que a maioria das pessoas que começam não exibem seu número de fans nos primeiros dias e esperam acumular uma maior quantidade de usuários antes de liberar essa visualização. Mas no final é uma preferência pessoal.

Agora que sua página tem preço e algum conteúdo, você está pronta para divulgar em suas redes sociais!

INGLÊS É NECESSÁRIO?

Assim como na maioria dos sites internacionais, a língua predominante e padrão é o inglês. No caso do OnlyFans, este possui uma interface em português para as modelos e usuários, então é possível se utilizar de um software ou site de traduções para elaborar seus posts e até mesmo para conversar com seus fans.

Como o foco desta plataforma não é livestream, não é necessário ser fluente em inglês. Algum conhecimento básico já é suficiente.

DIVULGAÇÃO

Onlyfans é uma plataforma direcionada à adultos, portanto o link original da sua página do onlyfans pode acabar gerando problemas e até mesmo fazendo com que sua conta em outros sites seja encerrada.

Twitter é o melhor meio de comunicação, mas se seu forte é Snapchat ou Instagram, considere comprar um domínio próprio para mascarar seu link e o deixar mais convidativo. Eu uso o **gweenblack.com** e o **gweenblack.com/free** – dessa forma eu posso divulgá-los em qualquer lugar sem correr o risco de perder contas.

Considere também criar uma página grátis (isso mesmo!) além da sua paga e divulgue uma página na outra.

CONTA GRÁTIS

"Uma conta grátis? Como assim?"

Não estou maluca! Sabe aquela frase "Não existe almoço grátis?" ela se aplica aqui!

O próprio OnlyFans diz em seus termos de uso que você pode ter uma conta grátis e uma paga. É possível acessar a ambas com somente um login, facilitando muito o manejo das duas ao mesmo tempo.

Para criar a conta grátis você terá que passar pelos mesmos passos da criação da página original e talvez ocorram os mesmo problemas de verificação.

Além das funções básicas do OnlyFans, em sua conta grátis você pode vender posts trancados em sua timeline. Essa função não existe na conta paga pois todos já pagaram para poder acessá-la.

Uma pessoa só pode seguir sua página grátis se já tiver confirmado um cartão de crédito válido em sua conta. Isso torna todos os fans em clientes potenciais a qualquer momento.

Existem muitos grupos de modelos e páginas no Telegram. Esses grupos são usados principalmente para duas funções. Troca de informações entre as modelos e promoções entre as mesmas. As duas formas mais conhecidas de promoções são os "drops" e os "SFS" (shoutout for shoutout).

Drops acontecem quando um grupo de modelos decide criar um post com o link das modelos envolvidas no drop. Esses links são postados nas páginas ao mesmo tempo e duram em média 24h. Essa é uma ótima forma gratuita de se conseguir mais seguidores.

SFS é parecido com o drop, mas apenas 2 modelos estão envolvidas. Cada uma posta o link da outra em sua página com alguma foto e informações sobre aquela modelo. É uma forma com maior destaque de conseguir novos seguidores.

Além disso você sempre pode postar promoções e até mesmo propaganda sobre sua página paga na página grátis, trazendo assim novos fans de uma para a outra.

FUNÇÕES BÁSICAS

1. **POST NA TIMELINE**

A timeline do Onlyfans funciona como a do Twitter, em ordem cronológica.

No seu OnlyFans pago, você pode postar o que você quiser, nudes, vídeos completos, vídeos curtos, trailer de vídeos, textos, gifs e até mesmo fotos não-nude para aumentar o engajamento.

Com a função de timer, seu post ficará disponível apenas por um período de tempo determinado. Essa função é muito utilizada quando se faz promoçao de outras modelos, dessa forma o post fica apenas 24 horas na sua timeline. Outro jeito de utilizar o timer é para promoções, vendas relâmpago ou jogos que durem apenas aquele período de tempo.

No OnlyFans grátis, nunca coloque nudes na sua timeline. Apenas poste nudes e vídeos se utilizar a função de preço, assim é preciso pagar para desbloquear o conteúdo.

Poste todos os dias se conseguir. Se não conseguir, utilize a função AGENDAMENTOS para sempre ter conteúdo novo na sua timeline. Eu sempre deixo 15 dias de conteúdos já agendados tanto no grátis quanto no pago, assim só me preocupo em utilizar as outras funções e interagir com os fans.

2. **PAYPERVIEW (PPV) OU MASS MESSAGE (MM)**

Esse é o melhor jeito de se ganhar a atenção dos seus fans! Envie mensagens em massa para todos ao mesmo tempo com apenas um clique.

Essas mensagens podem ser apenas para chamar atenção ou também podem ser conteúdos trancados que eles terão que pagar para poder ver.

Use dessas funções para vender vídeos completos, packs de fotos, enviar jogos e promoções.

Textos podem ser enviados como mensagem trancada, mas até o momento do lançamento deste livro, é possível a mensagem trancada de graça no e-mail. Então nunca mande links em suas mensagens trancadas.

Se você enviou algo por acidente, é possível "desenviar" uma mensagem clicando nas estatísticas dela e no simbolo de voltar azul "undo" ou desfazer.

3. TIPS

Agora que você aprendeu a enviar mensagens e postar na timeline, você está pronta para receber tips, ou gorjetas em português.

Com essa função, os fans podem te enviar mimos, um obrigado ou comprar coisas como pack de vídeos, fotos ou seu snapchat. Qualquer coisa que você quiser que esteja nas regras do site pode ser comprada e vendida por tips.

Algumas meninas usam de jogos como roleta de celular, rolar um dado, prêmio surpresa, etc e cobram tips para os fans participarem do jogo.

Exemplo: Envie 15$ para rodar a roleta!

4. ASSINATURA

A assinatura pode ser dividida das seguintes formas: 1 mês, 3 meses, 6 meses e 12 meses.

Quando alguém acessar sua página, verá o preço que você definiu nas configurações inicialmente. Um jeito muito bom de conseguir novos usuários é colocando uma promoção na página, quanto mais tempo ele assinar, mais barato fica cada mês.

Quando você colocar o valor de 1 mês,
aparecerá a opcão de aplicar para fans expirados. Desse
jeito as pessoas que deixaram o tempo de assinatura
vencer poderão reassinar seu conteúdo com aquele
mesmo preço, se não, apenas pelo valor da sua
assinatura recorrente.

Uma técnica que funcionou muito bem para mim
e muitas outras modelos, é deixar um preço baixo para
quem assinar pela primeira vez. Esse valor só pode ser
usado uma vez e para continuar tendo acesso aos posts
o fan terá que pagar o valor integral.

Se você sentiu que perdeu muitos fans em um
mês, vá em fans → expirados → e crie uma promoção
APENAS para quem expirou. Normalmente é um preço
entre a sua assinatura mensal e o preço especial de
primeiro mês. Todos os fans cuja assinatura está
expirada recebem uma notificação que você está fazendo
uma promoção na sua página por e-mail e em seu perfil.
A dica é que use essa promoção uma vez por mês para
reconquistar os fans antigos!

Os combos de assinatura são outro jeito incrível
de otimizar sua contagem de fans.

São eles por 3, 6 e 12 meses.

Se seu OnlyFans utiliza da estratégia de vender
muito por PPV/MM, você quer manter sua assinatura em
um valor baixo e as pessoas por muito mais tempo
inscritas na página.

Utilize os combos para oferecer brindes e
vantagens para se assinar com eles, como um vídeo ao
assinar 3 meses, fotos custom ao assinar 6 meses e 5
vídeos ao assinar 12 meses – fica ao seu critério! E isso
é um incentivo para eles ficarem por muito mais tempo
na sua página e seu número de fans estável.

5. RESPONDER INBOX

NUNCA DEIXE CLIENTES SEM RESPOSTA – isso
mesmo.

Antes de enviar PPV/MM, verifique se respondeu todas as mensagens. Assim evita uma robotização do seu perfil. A maioria dos assinantes do OnlyFans querem saber se é realmente você, a modelo, que está ali e não um agente respondendo por você.

Responda, nem que seja com emojis às pessoas e depois envie suas PPV/MM.

Algumas pessoas podem acabar te pedindo fotos, vídeos, customs e isso é uma ótima oportunidade de vender conteúdo diretamente ao cliente e lucrar um pouco mais.

A fidelização de fans é o que você busca. Seja sincera, interaja, mostre seu melhor lado (ou pior se você for uma dominatrix!) e faça com que eles gostem não só do seu conteúdo, mas de quem você é por ali.

Você pode incluir uma mensagem de boas vindas para todos novos fans em suas configurações de conta.

A mensagem de boas vindas pode inclusive ser paga. Muitas modelos colocam uma mensagem trancada de boas vindas em sua página grátis e tentam de cara conseguir uma venda.

6. STORIES

Uma função neglegenciada por algumas pessoas, mas extremamente útil já que te coloca no topo da página dos seus fans – igual stories em qualquer outra plataforma, você pode postar promoções, links pra outro site e o que mais quiser.

Uma boa dica é gravar no snapchat já com o texto e filtro e salvar o vídeo. É possível colocar direto do seu rôlo de câmera, então aproveite bem essa função.

7. LIVE CAMMING

É possível fazer lives no OnlyFans. Para isso você precisará do OBS ou qualquer outra ferramenta de sua preferência que leia RTMP para streaming.

Algumas pessoas fazem lives de jogos, shows com countdown ou apenas interagem com os fans de forma mais pessoal.

Para mais pessoas aparecerem na sua live, avise com 24 horas de antecedência o horário e o fuso em que você pretende começar, assim as pessoas saberão quando te procurar para assistir.

COMO USAR ONLYFANS COMO UM APP?

Por ser conteúdo adulto, não tem um aplicativo disponivel nas app store e playstore.

Abra a página no navegador do seu celular e adicione um atalho à sua tela inicial. Assim o site sempre fica disponível e de fácil acesso a você.

LISTA DE FAVORITES

A função de Favoritos fica na sua inbox e você pode adicionar pessoas à essa lista. Pode então criar uma mensagem em massa direcionada apenas a esse grupo exclusivo.

Adicione as pessoas que mais gastaram com você e ofereça também um valor mínimo para entrar.

Os favoritos serão as pessoas com mais inclinação a gastar com seu conteúdo. Você também pode oferecer nudes grátis semanalmente, descontos exclusivos, enquetes e mimos a esse grupo seleto de fans.

Essa lista pode ser utilizada tanto na sua página grátis quanto na paga.

Os usuários favoritos por você ganham uma estrelinha na sua inbox para fácil identificação.

COMO IDENTIFICAR ALGUÉM QUE NÃO QUER GASTAR COM VOCÊ

Seguindo a mesma lógica de inbox de instagram e twitter, as pessoas que mandam "hi" ou só te enviam logo de cara uma foto não solicitada de pênis são as que você quer evitar.

A diferença é que no OnlyFans você pode cobrar por tudo isso.

Fotos que outras pessoas te enviam e não são modelos verificados ficam embassadas na sua tela. Aproveite para dizer ao cliente que você só abre a foto por um valor X, que o OnlyFans bloqueia a prévia pra você – monetize sua atenção.

Se você estiver num dia bem tranquilo, responda os "Hi" que você recebe. Se você seguiu minha dica da lista de favoritos, envie algo dizendo que você responde com mais frequência quem está na sua lista de favorites e quanto você cobra para adicionar pessoas a ela.

Responda sempre com uma oferta para quem nunca gastou com você, ofereça customizados, fotos, vídeos antigos ou o famoso "do que você gosta?". É provável que você já tenha algo em seu banco de imagens e vídeos para vender a essa pessoa.

Não desperdice seu tempo com conversa com quem nunca gastou com você. Tente perceber rapidamente quem é um potencial cliente e quem está perdendo seu tempo. Utilize esse tempo para pessoas fidelizadas.

TIP MENU

Tenha um preço para tudo que queria oferecer. As coisas mais comuns como preço de video customizado, fotos customizadas, packs e afins escreva em uma imagem e fixe no seu perfil.

Sempre deixe o mais claro e fácil possível qual o produto e qual o preço que você está pedindo – as vendas mais eficientes e rápidas são essas!

Se você for vaga nas suas promoções e não for específica a tendência é que isso crie uma barreira e eles não gastem.

Itens comuns de TIP MENU:

• Número Favorito
• Me pague um café
• Pack de fotos de uma parte do corpo
• Vídeo Customizado (3 minutos, 5 minutos, 10 min e 20 minutos)
• Pack de vídeos
• Sexting
• Chamada por Skype/Telegram/Kik
• Whatsapp
• Fap Tax – para fetish mining

O QUE É FETISH MINING?

Fetish Mining é quando uma pessoa força o fetiche dela pra cima de você sem seu consentimento. Normalmente é de forma inocente, ou até mesmo perguntando se você gosta de alguma coisa.

Pessoas que praticam o fetish mining são aquelas que tem algum fetiche normalmente desconhecido, como umbigo, axila, pés, peidos ou, como eu já vi, se transformar numa estátua de carbonita.

Para identificar, basta ver se a pessoa pergunta o que você acharia, gostaria ou pensa sobre um tema diferente do normal. Se você responder diretamente e ele continuar perguntando mais sobrem, na sua visão pode não ser nada demais, mas para ele é um prato cheio, e melhor ainda, grátis.

Se você perceber que está sendo vítima de fetish mining, ofereça um valor para esse tipo de conteúdo (se você topar) ou cobre uma **FAP TAX** (taxa de masturbação) para ele não ser bloqueado e continuar a conversa.

COMO CRIAR UM "BRANDING", OU MARCA

Você já tem algum ideia do que quer vender? Se sim, ótimo! Você já tem uma ideia de marca própria.

A sua branding, ou marca, é a primeira impressão que alguém terá do seu conteúdo.

Se você faz dominação, é submissa, vende conteúdo softcore, amador de celular, apenas profissional, com um estilo stoner (420), cosplay, etc – esses são tipos de branding.

Você pode misturar vários deles e até acabar vendendo um pouco de cada. Mas se você tem um deles que fala mais alto, aproveite dele.

O melhor jeito de se aprofundar numa marca é conhecendo outras pessoas que já façam algo parecido com o seu estilo. Não existe como copiar conteúdo no mundo adulto, afinal o conteúdo que você fizer no mesmo tema ou no mesmo cosplay ou no mesmo estilo de cenário NUNCA ficará igual o de outra pessoa.

Essa é a beleza do sex work – não importa o que você faça ou que tentem copiar de você, ninguém é uma versão melhor ou pior sua: todos são únicos e possuem sua própria essência.

Lembro quando comecei e seguia várias modelos que na minha época eram bem mais famosas do que eu. Como eu tinha uma branding de cosplay e menina inocente, seguia várias no mesmo estilo que eu. Nunca vou me esquecer do meu primeiro cosplay na câmera. Duas horas antes de entrar online, uma modelo que eu seguia e muito mais famosa do que eu, usou o mesmo cosplay e no mesmo site. Eu chorava e então troquei de roupa as pressas para algo mais básico naquele dia.

Dois dias depois eu entrei online com esse cosplay e me sentindo muito culpada não divulguei nada em minhas redes sociais. Acabou que foi o meu melhor show em meses e ganhei vários elogios.

Nunca me compararam com a outra streamer ou falaram que eu era pior ou melhor. Conversei com uma de minhas colegas e ela me explicou que "não importa o que você faça ou o que façam, a versão GweenBlack é única e sempre será assim".

Então não deixe de fazer um jogo, tirar uma foto especial, fazer um tema de um vídeo só porque alguém já o fez. Estamos na era da internet e ninguém é original, todos são uma versão nova de algo que já existe. E tem clientes para todas!

No lugar de se sentir culpada ou ficar chateada por que alguém que fez algo parecido com o seu, tente se conectar com essa pessoa! Troquem ideias, promoções entre si e quem sabe até possam fazer conteúdo juntas.

Alguém que tem a base de fans parecida com a sua tem muito mais a te acrescentar do que tirar. E essa é uma ótima oportunidade de se expandir no mesmo nicho.

No caso de dominação, não é dificil ver em sites que duas dommes famosas resolvem se encontrar e fazer conteúdo juntas – os fans ADORAM ver colaborações de seu performer favorito com outros no mesmo estilo.

E se você cansar?

Bom, você pode sempre migrar! Mude os estilos de fotos e estilo de posts que as pessoas já percebem sua mudança – se reinventar é sempre bom. Não é porque você é domme hoje, que amanhã você não poderá tentar outro estilo. Não é necessário deletar tudo e começar do zero.

Clientes podem ter vários lados e fetiches. Se você os fidelizou, pode até mesmo mostrar algo novo que não conheciam antes e eles vão começar a gostar ainda mais do seu conteúdo por ser tão variado.

Já aconteceu de eu apresentar fetiches pros meus fans – muitos não conheciam por exemplo o de gigantismo ou de balão e descobriram a partir do meu conteúdo que eles gostavam.

COMO ALCANÇAR MEU PÚBLICO ALVO?

Se você já definiu a sua marca, está na hora de trabalhar no seu perfil em todas as redes sociais.

Estude sobre cores que sirvam no seu fetiche (vermelho geralmente é para dommes e tons pasteis para princess/daddy play, assim como tons fortes e coloridos para cosplayers) e foque na identidade visual.

Uma foto sua no estilo que quer vender já é suficiente para definir sua marca.

No caso do OnlyFans, seu banner, foto de perfil e username. Goddess (deusa) e Mrs (senhora) geralmente acompanham usernames de dommes. Assim como as cosplayers utilizam algo em japonês e conteúdos amadores vem de nomes mais normais.

Trocar promoções com meninas do mesmo nicho é o melhor jeito de se atingir seu público.

Entre em contato com algumas pelo Twitter, Instagram, OnlyFans e grupos de Telegram e ofereça trocas – algumas modelos cobram por esses serviços.

Se você não estiver disposta a investir em promoção paga, que geralmente são pessoas com muitos fans e followers, faça aos poucos com pessoas de números menores ou números parecidos com os seus.

Trocar um RT, postar nos stories do Instagram, no seu Snapchat e no seu OnlyFans grátis com outras sex workers também funciona.

Lembre-se, qualquer divulgação é válida.

Existem algumas pessoas que não trocam promos com alguém que possua biotipos diferentes dela – muitas vezes isso se vê como racismo, preconceito com idade, gordofobia ou transfobia. Sugiro que evite essas pessoas – **o sex work é um espaço para todas.**

COMO DAR SEUS PREÇOS

Se você veio a essa sessão procurar por uma tabela de preços, sinto em te desapontar.

O que vou explicar são diferentes técnicas de marketing.

- Por Volume
- Por Preço
- Por Escassez

Por volume

Um preço baixo muitas vezes é uma oferta irrecusável, certo? Então se você optar por vender por volume, seus preços serão abaixo da média e vai buscar vender em massa. Se por exemplo um vídeo está custando 10$, você o vende por 3$ buscando assim o máximo de compradores possível. Melhor vender 3 vídeos por 10$ ou 10 por 3$? Essa será sua forma de pensar e consequentemente acabará enviando e produzindo mais que o normal – cuidado para não ser mutada pelos usuários por mensagens demais.

Por preço

Nesse caso, você prefere vender para uma pessoa um vídeo de 50$ ao invés de 5 por 10$ e atinge uma certa exclusividade do conteúdo já que menos pessoas irão comprar e consequentemente ver. Outro jeito bom é usar essa tática para as pessoas se acostumarem com seus preços relativamente altos e assim fazer promoções relampago de 50% ou combos de compre 2 leve 3 ocasionalmente.

Por escassez

Essa é a tática mais queridinha de qualquer comércio virtual hoje em dia.

O mercado de escassez brinca com os gatilhos do cérebro de demanda e de que se não comprar agora, não poderá comprar depois. Mexe com o mesmo gatilho que te prende nas redes sociais – o FOMO (fear of missing out).

O medo de perder uma promoção ou algo importante é natural ao ser humano – todos querem ser exclusivos e queridos.

Para usar isso no seu OnlyFans, crie promoções no seu perfil com limite de pessoas (ex: Apenas para os próximos 10 que se inscreverem, 50% de desconto!).

Crie anúncios para sua página paga dizendo que ao chegar a um certo número de fans, postará algo novo e inédito (o motivo mais útil de se mostrar o número de fans!)

Promoções que durem um certo tipo de tempo – use a ferramenta dos posts com timer.

Ou na PPV/MM – fale que APENAS HOJE, ÚLTIMAS HORAS PARA COMPRAR, ÚNICA CHANCE, etc. E utilize do botão "undo"ou desfazer depois do prazo.

MELHORE SEU ENGAJAMENTO

Se mesmo postando nas redes sociais você está com poucos fans e pouco engajamento nas postagens, aqui vão algumas dicas. Lembrando que as plataformas se atualizam constantemente e pode ter ocorrido alguma alteração desde essas dicas.

No Twitter

Não ative as postagens automáticas para o twitter. O twitter tem uma ferramenta oculta chamada ShadowBan onde você fica menos relevante na timeline dos seus seguidores e invisível na busca.

• Procure não postar algum link sozinho, apenas se for resposta de alguma foto sua.
• Nas fotos, poste sempre duas, assim elas ficam lado a lado e as pessoas veêm enquanto passam pela linha do tempo.
• Nunca dê um RT num post seu. Isso te garante um shadowban. Ao invés disso, responda o post que quer subir com algum emoji ou link.
• Use emojis em todas as postagens, mas sem exagerar. Use eles como palavras e para enfeitar seu post, assim terá mais engajamento.
• Desligue os posts automáticos de vendas de seus sites.
• Poste gifs e vídeos com frequência, eles tem muito mais interação que fotos.
• Intercale com posts pessoais – sobre seu dia e seus hobbies – as pessoas adoram saber que você é igual a elas e não uma máquina de sexo.
• Crie Moments sobre algo que você goste de falar sobre ou sobre um vídeo novo seu.
• Fixe no topo da sua página um post com seus links de sites e uma mini apresentação – assim quem começar a te seguir já sabe onde assinar e seguir para comprar seu conteúdo.
• NUNCA USE HASHTAGS – elas não tem o engajamento que você espera e só atrai spam e bots.

• Não taggeie contas "promo" - as pessoas que assinam essas contas raramente se tornam consumidores e seu post fica poluido. Lembre que um @ por post é o ideal – empresas odeiam que você marque outras juntos delas.

• Faça posts limpos, com a menor quantidade de clicáveis possível (menção, hashtag, links são clicáveis)

• Interaja com outras pessoas da indústria e que tenham os mesmos sites que você – assim os clientes e modelos sabem que você existe.

• Deixe suas DMs abertas! Assim as pessoas podem tirar dúvidas com você sobre seu conteúdo ou onde é melhor comprar algo – já consegui vários customs e assinantes só de ter respondido minhas Dms.

No Instagram

O temido instagram que derruba várias contas – como não fazer com que sua conta seja removida?!

• NÃO POSTE NUDEZ.

• Ao linkar o OnlyFans, evite a palavra e use siglas como OF – use um domínio próprio para mascarar o seu link do OnlyFans.

• Use apenas 3 hashtags por post, depois disso sua conta fica irrelevante nas buscas das tags.

• Faça posts longos, contando sobre algo, assim as pessoas interagem com seu post e se sentem alcançadas.

• Use emojis – exceto o de berinjela e pêssego, parece piada mas eles são agora motivos de ban no instagram.

• Use stories – faça um boomerang, faça enquete, interaja com seus seguidores.

• Fique atenta nas inbox, mas NUNCA passe informaçoes de venda por ela – minha última conta foi desativada em 80.000 seguidores por discutir um custom e pegar pagamento por picpay. Peça para a pessoa a te contatar por e-mail ou Twitter.

No Reddit

Existem vários subreddits que você pode postar, mas não pode divulgar links e encaminhar para sua página.

Considere criar seu próprio subreddit para isso e deixe seu perfil com foto e links para seus sites. Você pode postar na sua página de perfil e fixar posts, inclusive com links.

Depois de deixar seu perfil montado, verifique-se em alguns subreddits (alguns pedem para segurar uma folha de papel com o nome do subreddit) e poste algo.

Os comentários podem ser cruéis então sugiro que não perca seu tempo lendo eles. Interaja apenas com os que te elogiarem, assim eles podem clicar no seu perfil.

O tráfego do reddit é ENORME, e se você conseguir levar nem que seja 1% dos que verem seus posts para seu Twitter, OnlyFans grátis ou Instagram, já é muita gente.

Se quiser achar algum subreddit específico, digite no google "subreddit for ---" e o que quer achar. Existe literalmente um subreddit para tudo. Até do que você não imagina.

No próprio OnlyFans

Sua conta grátis, lembra dela?! Poste diariamente uma foto (sempre sem nudez) com link levando para sua página premium – se você tem feito as trocas de promos com outras páginas grátis, existem pessoas novas diariamente lendo suas postagens. Tente levá-las sempre que possível para sua página paga.

NOTAS FINAIS

O OnlyFans é o novo site da vez e cada vez mais as pessoas estão acessando e criando contas. As modelos são de todas as idades (acima de 18, claro), raças, pesos e estilos. É o novo espaço democrático para se ganhar dinheiro com conteúdo adulto.

Espero que essas dicas sejam uteis para você e se você não pretende ainda assim criar um, que tenha aprendido algo com esse livro para aplicar em outras áreas.

Me baseei em minha própria experiência com o site e o que aprendi com meu grupo de modelos.

Se puder dê uma review ao livro, assim eu sei o que achou.

Te desejo muito sucesso e muitos fans!

COMO POSSO CONSEGUIR UMA AJUDA EXTRA?

Se você criou sua conta com o link
https://gweenblack.com/criarOF, envie um e-mail
para gween@gweenblack.com, assim eu te colocarei no
meu grupo exclusivo de Telegram e te ajudarei
pessoalmente.

Se você não tem uma conta com esse link e seu
perfil está com poucos fans, considere recomeçar para
poder contar com minha ajuda exclusiva – ou entre em
contato pelo mesmo e-mail para saber mais sobre
consultorias e promoções.

♥ BONS GANHOS ♥